CONTRIBUTIONS

A L'HISTOIRE NATURELLE DU DÉPARTEMENT DE LA HAUTE-SAONE

NOTES D'ORNITHOLOGIE

PREMIER SUPPLÉMENT

Par Paul PETITCLERC

VESOUL

IMPRIMERIE DE A. SUCHAUX

1890

CONTRIBUTIONS

A L'HISTOIRE NATURELLE DU DÉPARTEMENT DE LA HAUTE-SAONE

NOTES D'ORNITHOLOGIE

PREMIER SUPPLÉMENT

L'année de chasse 1889-1890 qui vient de s'écouler a été féconde en captures intéressant l'histoire naturelle de notre département ; je vais chercher à les indiquer, en suivant l'ordre de classification que j'ai adopté précédemment. Je parlerai aussi de celles qui ont eu lieu à une époque antérieure et qui n'ont pas été relatées dans mon premier travail.

J'ai à adresser tous mes plus vifs remercîments aux personnes qui ont pris la peine de me signaler les heureux coups de fusil qu'elles avaient faits, et m'ont narré dans quelles circonstances elles avaient rencontré ou tué telle ou telle espèce de gibier. Qu'elles veuillent bien continuer à me mettre au courant de leurs exploits ; leurs observations me seront du plus grand secours.

OISEAUX DE PROIE DIURNES

BALBUZARD FLUVIATILE — *PANDION HALIÆTUS*
G. Cuv. ex Linn.

Pendant une journée, j'ai eu entre les mains, pour en prendre une reproduction photographique, un magnifique spécimen de cette espèce d'Aigle : c'était une femelle de toute venue et en beau plumage. Elle m'avait été apportée par M. Athanase Laberne, régisseur du château de Traves, et avait eu le guidon cassé, le 2 avril 1889, par le piqueur de M. Henri Ménans : il se trouvait ce jour-là, à la passe de la bécasse, sur l'allée de Cubry, dépendance de la forêt de Traves.

L'oiseau pesait 1 kilog. 850 ; son envergure (ailes déployées) atteignait 1 mètre 60 ; sa longueur (de l'extrémité du bec à celle de la queue) dépassait 60 centimètres. Il a été naturalisé, pour M. Ménans, par M. Constantin.

CIRCAÈTE JEAN-LE-BLANC — *CIRCÆTUS GALLICUS*
Vieill. ex Gmel.

Le 3 septembre 1887, M. R. Dargent, propriétaire du domaine de la Forêt, près Frasne-le-Château, abattait, après deux coups de feu consécutifs, à une petite distance de son habitation, un Jean-le-Blanc qu'il voyait perché au sommet de l'un des mélèzes qui bordent le bois du Vermot.

Ce rapace a été envoyé au cabinet de montage de la Société des Ornithologistes de Franche-Comté.

L'an dernier, à la même époque, M. Dargent avait aperçu un autre individu sur les bords de l'Ognon, entre les villages de Cussey et de Bussières.

Ce n'est pas en 1887, mais bien en septembre 1889, qu'a eu lieu, à Morre (Doubs), la prise du Jean-le-Blanc (mâle) que quelques amateurs ont vu dans mes vitrines.

BONDRÉE APIVORE — *PERNIS APIVORUS*
Bp. ex Linn.

Une Buse bondrée jeune est surprise et tuée à coups de pierres, le 23 août 1889, dans le bois de Noidans-les-Vesoul. L'un des projectiles qui l'avait frappée lui avait entièrement brisé le crâne, ce qui empêcha M. Bidaux, à qui on l'avait apportée, d'en tirer parti.

MILAN NOIR — *MILVUS NIGER*
Briss.

Bien que figurant déjà dans ma nomenclature, sur les indications que m'avait fournies M. Lacordaire, le Milan noir n'avait pas encore été tué dans la vallée du Durgeon.

M. Constantin, que j'ai dû consulter sur son plus ou moins de rareté, m'a affirmé qu'il en avait vu souvent, en compagnie de M. Lacordaire, dans la vallée de l'Ognon, entre Marnay et Courchapon ; seulement, comme cet oiseau est excessivement défiant, qu'il se tient presque toujours perché sur une haute borne ou sur un piquet, de manière à découvrir tout le pays, on ne l'approche que fort difficilement et que très accidentellement.

M. Constantin n'en a du reste monté que trois depuis qu'il s'occupe de taxidermie, tous les trois capturés dans le département du Doubs en 1856, 1875 et 1879.

Le Milan noir de ma collection a été tiré par M. Louis Charpiot, de Ray-sur-Saône, au moment où il était en train de dépecer un poisson qu'il venait de pêcher dans la Saône. Très occupé de sa proie, ce Milan s'était, par le plus grand des hasards, un peu laissé approcher. Après le coup de fusil, il partait sans avoir l'air d'être touché, lorsqu'après avoir poussé une pointe d'environ 200 mètres, il finissait par culbuter. De retour à Ray, M. Charpiot, qui est un maître tireur dans toute l'acception du mot, s'est empressé de me faire profiter du produit de sa chasse.

A l'inverse du Milan royal, qui n'aime que les grandes plaines et ne se nourrit guère que de petits mammifères, d'oiseaux, d'insectes et de reptiles, le Milan noir recherche les grands cours d'eau, l'embouchure de nos fleuves, où il plane sans cesse pour y poursuivre les poissons qui composent toute sa nourriture.

Il est aussi plus petit que le Milan royal, a une robe plus foncée que celui-ci, et la queue moins fourchue.

FAUCON CRESSERELLE — *FALCO TINNUNCULUS*
Linn.

Je n'ai à enregistrer qu'une seule capture de Cresserelle que M. Marlet, armurier, a faite sous le petit bois la Dame, à Noidans-les-Vesoul, le 12 octobre 1889.

AUTOUR ORDINAIRE — *ASTUR PALUMBARIUS*
Bechst. ex Linn.

M. René Bidaux a eu, en 1889, en dépôt chez lui deux femelles d'Autour. L'une de celles-ci provenait du bois d'Essernay (commune de Colombe), et avait été abattue dans un grand taillis, le 16 octobre, par M. Gabriel Loyez, avocat ; l'autre avait été prise dans un fer à renard, le 20 du même mois, par M. Berger, meunier à Laine.

A ce propos, je donnerai les détails suivants :

M. Berger, qui excelle à piéger les bêtes puantes, ainsi que les oiseaux de proie qui pullulent autour de son moulin et mettent souvent sa basse-cour à contribution, s'était aperçu qu'une forte Buse avait enlevé une de ses poules sans la manger complètement. L'idée lui vint aussitôt d'amorcer un de ses engins avec les restes du gallinacé.

La Buse, qui n'était autre qu'un Autour de belle taille, revint le lendemain pour achever son festin, et, en se jetant sur l'appât, détendit le piège : elle était désormais prisonnière.

Sa vigueur était telle, qu'elle put, en volant, traîner le fer, qui était très pesant, à plus de 20 mètres de distance.

ÉPERVIER ORDINAIRE — *ACCIPITER NISUS*

PALL. ex LINN.

Cette espèce a été très abondante de septembre à novembre 1889 ; chaque jeudi, il s'en est trouvé plusieurs individus sur notre marché ; presque tous nos chasseurs en ont, du reste, tué. Il faut croire que les nichées de ce destructeur de petits oiseaux qu'abritent en nombre les roches du Sabot de Frotey, de Navenne, d'Échenoz-la-Meline, de Noidans-les-Vesoul, de Chariez, etc., ont bien réussi. Tous les sujets que j'ai examinés, à l'exception d'un seul, étaient des jeunes ; les femelles dominaient. Une de celles-ci s'est laissé prendre à la main dans la rue Vendémiaire, à Vesoul : elle ne portait aucune blessure.

Le sujet (vieux mâle) que M. Constantin a mis en peau pour mon propre compte, a été fusillé (c'est le cas de le dire) par M. Charpiot le 23 février 1890, au moment où il cherchait à s'approprier quelqu'une des cailles que ce chasseur conserve en volière dans la cour de son habitation, à Ray-sur-Saône.

BUSARD HARPAYE — *CIRCUS AERUGINOSUS*

Savig. ex Linn.

Vulgairement Busard des marais.

M. Charles Jeannolle, pharmacien à Vauvillers, conserve chez lui un Busard tué à Fontenois-la-Ville en 1885.

BUSARD SAINT-MARTIN — *CIRCUS CYANEUS*

Boie ex Linn.

Un Saint-Martin a été capturé, dans les prés de la Montoillotte et dans les premiers jours d'avril 1890, par M. Maigniez, professeur au lycée de Vesoul.

M. Edmond Blass, le 19 février de l'année précédente, en avait aperçu un, en se rendant à Vy-les-Rupt pour acte de son ministère.

Dans le trajet de Montagney à Montferney (Doubs), j'en ai moi-même suivi un des yeux pendant longtemps ; il planait au-dessus des marais giboyeux qui bordent la rivière de l'Ognon : c'était le 2 septembre.

OISEAUX DE PROIE NOCTURNES

CHEVÊCHE COMMUNE — *NOCTUA MINOR*

Briss.

Jamais cette petite Chevêche n'a été si commune ; pendant l'automne de 1889, il en a été apporté, tant à M. Bidaux qu'à moi-même, neuf exemplaires qui comprenaient des individus jeunes et adultes (mâles et femelles) ; ils provenaient de Rosey, Grattery, Ray-sur-Saône, etc.

EFFRAYE COMMUNE — *STRIX FLAMMEA*

LINN.

Une charmante variété de cette espèce, montée à Agen
pour M. le docteur Doillon, de notre ville, a été ramassée,
presque sans vie et dans un état de maigreur extrême, au
bois de Montcey, le 2 décembre 1889.

Le sujet en question a les parties supérieures d'un roux-
jaune glacé, pointillé de noir ; le ventre beige doré avec
taches noires, la face argentée à reflets chatoyants, et la
collerette d'une nuance que les fourreurs appellent marte
dorée.

HIBOU BRACHYOTE — *OTUS BRACHYOTUS*

BOIE ex GMEL.

Deux de ces Hibous, toujours assez rares, ont été tués : le
premier, au bois de Noidans-le-Ferroux, le 20 octobre 1889
(ma collection) ; le second, au bois de Frotey-les-Vesoul, par
le piqueur de M. Jules Courcelle, le 1er février 1890.

GRAND-DUC — *BUBO MAXIMUS*

FLEMM. ex SIBBALD.

M. le comte du Taillis a bien voulu m'informer qu'un
Grand-Duc avait été abattu, au mois de juillet 1888, par son
garde Lamboley, sur ses terres de l'Abbaye-de-la-Charité, et
au milieu même de sa garenne.

PASSEREAUX

PIC-EPEICHE — *PICUS MAJOR*
Linn.

Les Pics en général ont toujours été considérés comme des êtres éminemment utiles à l'agriculture et à la sylviculture ; néanmoins, ils commettent parfois des dégâts considérables dans les ruchers, et feraient subir des dommages sérieux aux propriétaires, si ceux-ci n'intervenaient pas à coups de fusil, soit pour éloigner, soit pour punir les pillards.

Un de nos collègues de la Société d'agriculture, propriétaire d'un domaine important à Lure, a eu, en 1889, plusieurs de ses ruches percées par des Pics (Picus major). Ceux-ci cherchaient évidemment à s'emparer des abeilles qu'elles renfermaient, ne quittaient pas le jardin où le rucher était installé, et passaient la nuit dans des trous de vieux pommiers ; dès que le jour paraissait, ils se mettaient à la besogne et faisaient de profondes brèches dans les habitations des travailleuses.

Pour les déloger et les détruire, car cela devenait absolument nécessaire, notre collègue eut d'abord recours à de simples filets à papillons que l'on appliquait le soir à l'entrée des trous hantés par les Pics. En frappant alors sur les arbres, on décidait bien ceux-ci à abandonner la place ; mais, comme ils s'étaient habilement ménagé une porte de sortie, ils s'esquivaient pour reparaître le lendemain.

Il fallut recourir au fusil et les affûter : c'était le seul moyen pratique pour se débarrasser de cette vermine qui aurait fini par ruiner tout le rucher.

Au passage d'automne 1889, il nous est arrivé beaucoup d'Epeiches ; ce passage a duré environ six semaines.

PIC-ÉPEICHETTE — *PICUS MINOR*
Linn.

C'est le plus petit du genre, il n'a guère que 15 à 16 centimètres de longueur, et n'est pas commun dans la Haute-Saône.

Il en a été tué deux exemplaires dans nos bois, au mois
de septembre 1889.

TORCOL VULGAIRE — *YUNX TORQUILLA*
Linn.

Appelé par nos bonnes gens de la campagne et par quantité
de chasseurs « Ortolan, » bien qu'il ne ressemble en aucune
façon à l'oiseau cher aux gourmets que l'on gave en cage,
ce passereau, avec sa longue langue de Pic, son plumage
varié de blanc, de gris et de noir, a niché dans quelques-uns
de nos jardins et vergers, en avril 1889.

Je ne le croyais pas susceptible de venir au reclin, à cause
de son naturel taciturne et de ses habitudes solitaires,
lorsque, pendant les vacances dernières de septembre, me
trouvant dans le Doubs, à Rougemont, j'ai eu l'occasion
d'entendre contrefaire son chant (1), de la façon la plus
exacte, par un jeune homme de la localité.

Au dire des personnes qui m'entouraient, ce jeune homme
savait attirer de fort loin le Torcol et l'amener pour ainsi
dire sous les canons des chasseurs désireux d'en tuer.

COUCOU GRIS — *CUCULUS CANORUS*
Linn.

Au 28 septembre 1889, le Coucou n'avait pas encore

---

(1) Il consiste en une série d'appels consécutifs qui, répétés sept fois, veulent
assez bien dire : tié, tié, tié, tié, tié, tié, tié.

terminé sa migration ; M. Bidaux m'a présenté un sujet qui venait de lui être envoyé de Verchamp.

HUPPE VULGAIRE — *HUPUPA EPOPS*

Linn.

Il est rare de voir nicher une Huppe dans un jardin privé, en plein milieu habité ; c'est ce qui est pourtant arrivé, en 1889, dans celui de M. Edmond Blass, à Ray-sur-Saône.

Le nid renfermait cinq petits qui sont venus à bien.

Pendant l'incubation, si quelque mal avisé s'approchait du nid établi grossièrement dans un trou de mur, la mère se contentait de siffler à la manière de la couleuvre pour éloigner l'importun.

CORBEAU MANTELÉ — *CORVUS CORNIX*

Linn.

Je dois à l'obligeance de M. Athanase Laberne un de ces Corvidés qui, quoique communs à leur passage d'automne, se laissent assez difficilement approcher à bonne distance ; M. Laberne a surpris cet individu dans la prairie de Traves le 19 octobre 1889.

CASSE-NOIX VULGAIRE — *NUCIFRAGA CARYOCATACTES*

Temm. ex Linn.

Un seul sujet tué, le 28 septembre 1889, à Verchamp, par le fils aîné de M. A. Chavane.

M. le docteur Pierrat, de Gerbamont, a signalé un passage très abondant de ces oiseaux dans les Vosges.

PIE-GRIÈCHE D'ITALIE — *LANIUS MINOR*
GMEL.

Un nid de cette Pie-Grièche, aux flancs lavés de rose, a été observé, en juin 1889, par M. Gaspard Raumains, à Pontcey ; il était posé sur l'une des plus fortes branches d'un peuplier blanc de Hollande.

MOINEAU DOMESTIQUE — *PASSER DOMESTICUS*
BRISS.

M. Thouverey conserve à Quincey une variété blanche qu'il a tuée près de son habitation, et montée lui-même, il y a quelques années.

MOINEAU SOULCIE — *PASSER PETRONIA*
DEGL. ex LINN.

M. Brocard, ancien président de la Société des Ornithologistes de Franche-Comté, dont nous avons à déplorer la perte récente, et qui était un observateur du plus grand mérite, m'avait, dès le 8 mars 1889, mais après l'impression de mes notes d'ornithologie, informé qu'il avait pris au filet quelques-uns de ces moineaux, à Dampierre-sur-Linotte.

C'est donc encore une espèce à ajouter à la liste de nos oiseaux.

BEC-CROISÉ ORDINAIRE — *LOXIA CURVIROSTRA*
LINN.

Le passage des Becs-Croisés en 1889 a été insignifiant, les graines manquaient chez nous.

Pendant tout l'été, M. Demandre, qui, à cause de ses

occupations multiples, voyage beaucoup et fait de fréquentes
tournées dans les départements de la Côte-d'Or, du Jura et
de Saône-et-Loire, n'a vu que quelques rares petites bandes
de Becs-Croisés.

A Rigney, dans sa propriété, il a remarqué qu'une de ces
bandes faisait de très longues stations sur de hauts peupliers,
et avaient l'air de se nourrir des galles ou excroissances qui
poussent sur les feuilles et sont probablement produites par
la piqûre de certains insectes.

PLECTROPHANE DE NEIGE — *PLECTROPHANES NIVALIS*
MEY. et WOLF. ex LINN.
Vulg. Bruant des neiges.

Espèce non inscrite sur ma liste et qui doit y figurer.

A ce que m'a rapporté M. Constantin, qui a eu des relations
suivies avec M. Lacordaire, le Bruant des neiges ne fait, dans
la vallée de l'Ognon, que de très courtes apparitions ;
M. Lacordaire est un des rares chasseurs qui aient pu l'étudier
à Marnay.

Un certain jour, il y a de cela une trentaine d'années, le
savant ornithologiste avait aperçu trois ou quatre Plectro-
phanes près des pépinières de MM. Bey. Au moment où il
s'apprêtait à les tirer, une voiture arriva malencontreusement,
dérangea tous ses plans et fit partir la petite troupe, qui ne
reparut plus dans le pays.

HOCHEQUEUE GRISE — *MOTACILLA ALBA*
LINN.
Vulg. Lavandière, Bergeronnette grise.

Variété entièrement blanche observée, le 31 mars 1890, à
Magny-les-Jussey, par M. Emmanuel Jourdan.

Depuis deux années, les Bergeronnettes grises nichent dans nos parterres, elles s'établissent dans le lierre ou des touffes de capillaire.

Je ne me doutais guère qu'elles aimaient la société de l'homme au point de venir édifier leur nid dans un wagon, lorsqu'en revenant de Besançon le 24 mai dernier, un employé de la Compagnie P.-L.-M., avec lequel je voyageais, et qui s'occupe un peu d'ornithologie comme d'élevage, me conta ceci avec la plus entière bonne foi.

« C'était, me dit-il, dans la deuxième quinzaine de mai
« 1889 ; le train de marchandises 25-47 démarrait de la gare
« de Besançon pour prendre la direction de Vesoul, lorsque
« je vis un oiseau de la taille du Rouge-Gorge voltiger
« pendant quelques minutes autour du fourgon de queue
« dans lequel j'allais monter, puis disparaître tout à coup.
« N'attachant à ce léger incident aucune importance, je
« continuai mon service.

« Mais, en ramenant, le lendemain, le train à Besançon,
« l'oiseau que j'avais aperçu la veille, et que je reconnus
« pour être une Bergeronnette grise, renouvela son même
« manège. Ma curiosité fut alors éveillée : je fouillai avec
« soin mon fourgon, et découvris, non sans peine, sous le
« toit de la voiture, un vrai nid composé d'herbes sèches, de
« mousse et de crin.

« Il n'y avait plus à en douter, ce nid était bien celui de
« la Lavandière dont les allées et venues m'avaient tant
« intrigué ; pour ne pas abandonner ses enfants, cette bonne
« mère, une fois que le train était en marche, et après un
« premier moment d'effroi passé, retournait à son nid et
« faisait en chemin de fer le trajet de Vesoul à Besançon, à
« l'aller comme au retour. Elle n'en était certes pas à ses
« premiers voyages ! »

Autre fait non moins extraordinaire.

Un de ces charmants volatiles avait, à la même époque,

placé sa couvée sur la voie, dans la partie la plus resserrée d'une aiguille, tout près de la gare de Loulans-les-Forges ; cet appareil, qui assure la marche continuelle des trains, était naturellement mis tous les jours en mouvement, et cela plusieurs fois dans les vingt-quatre heures.

S'il faut en croire le naturaliste anglais Jesse, une Bergeronnette avait choisi un atelier de chaudronnerie, à Taunton, pour y bâtir son nid ; elle l'avait établi à un pied de distance du tour, dont la roue tournait constamment ; elle y pondit, elle y couva, et ses quatre petits vinrent à bien, sans souffrir du tapage infernal qui les entourait.

MERLE NOIR — *TURDUS MERULA*

Boie.

En juin 1886, un gamin de Voray dénichait, dans le bois de la commune, un nid de Merle ; il contenait un sujet à livrée blanche qui fut bientôt acheté par M. Billuart, de Besançon. Ce Merle chantait, paraît-il, parfaitement. Au bout d'un temps plus ou moins long de captivité, il perdit de sa vivacité, et ne chanta plus ; sa robe pâlit et devint d'un gris terne, signe certain de décroissance et de maladie. Finalement, il succomba, et fut de suite naturalisé par M. Xavier Gevrey, actuellement professeur dans une des villes les plus populeuses de la République Argentine.

MERLE A PLASTRON — *TURDUS TORQUATUS*

Linn.

Il y aurait eu, d'après M. Jeannolle, un assez fort passage de ces Merles à Saint-Loup dans les premiers jours d'octobre 1889 ; ici, je n'ai entendu parler que de deux individus tués : l'un à Ray (ma collection) ; l'autre à Pontcey (coll. H. Boisselet).

GORGE-BLEUE SUÉDOISE — *CYANECULA SUCCICA*
Brehm ex Linn.

La Gorge-Bleue est plus commune qu'on ne saurait le croire ; seulement elle nous arrive quand la chasse est sur le point de se fermer. Il n'y a du reste guère que les collectionneurs qui la recherchent à cause de la jolie tache d'un blanc argenté qu'elle porte sur le haut de la poitrine d'un bleu d'azur.

Ce passereau, de la taille du Rouge-Gorge, affectionne le bord des rivières, et niche dans les oseraies, les broussailles, les friches, les sablières. La ballastière de Saint-Loup, qui est très vaste et bien peuplée de genêts, en recèle tous les ans un certain nombre de couples.

HIRONDELLE RUSTIQUE — *HIRUNDO RUSTICA*
Linn.

Dans la soirée du 3 juillet 1889, j'ai constaté une fois de plus, en prenant des photographies dans la prairie de Frotey, que l'Hirondelle donnait bien à ses petits, déjà forts, de la nourriture tout en volant. J'ai vu, à deux reprises différentes, au-dessus de ma tête, une de ces gracieuses créatures s'arrêter à un moment donné et battre des ailes quelques secondes en croisant un de ses enfants, et lui dégorger prestement dans le gosier les moucherons qu'elle venait de happer sur le Durgeon, à la surface de l'eau, en ma présence.

MARTINET NOIR — *CYPSELUS APUS*
Ill. ex Linn.

Les Martinets nous sont arrivés, en 1889, le 29 avril, plus nombreux que jamais ; dès le 24 juillet, ils effectuaient déjà leur départ. Plusieurs de ces hirundinidés, à la suite de violents coups de vent, se sont laissé choir dans des cheminées (rue du Collège), ou sont tombés de leur nid (place du Tribunal) ; grâce à ces accidents, nos collections se sont enrichies de bons exemplaires de l'espèce.

PIGEONS

COLOMBE BISET — *COLUMBA LIVIA*

Briss.

J'attribue, non sans quelque hésitation, au Biset un petit pigeon au plumage gris ardoisé avec croupion blanc, trouvé, le 28 mars 1890, sur notre marché, et tué sur le territoire de Montigny-les-Vesoul.

Le Biset doit être fort rare dans la Haute-Saône ; je ne l'avais pas nommé dans ma liste.

GALLINACÉS

STARNE A PIEDS JAUNES

Vulg. Perdrix à pieds jaunes.

Au dire de M. Jeannolie, cette Perdrix serait très commune, et nicherait même en nombre à Fouvent. Ce fait mériterait certainement d'être éclairci par les chasseurs de la contrée.

ÉCHASSIERS

COURLIS CENDRÉ — *NUMENIUS ARQUATA*

Lath. ex Linn.

Individu, d'une maigreur extraordinaire par suite d'une

blessure reçue à la patte droite, tué à Champdamoy le 22 décembre 1889.

BÉCASSE ORDINAIRE — *SCOLOPAX RUSTICOLA*
Linn.

M. Millischer, inspecteur des forêts en retraite, m'a fait part qu'en Basse-Autriche on recueillait avec soin, pour les aquarellistes, les peintres et les photographes, certaines plumes de Bécasses.

Peu de personnes se douteraient que le succulent oiseau a, dans son manteau brun, matière à alimenter les artistes de pinceaux tout particuliers, et que lui seul peut en fournir de semblables.

Les plumes que l'on recherche (au nombre de deux seulement par individu) se trouvent à l'extrémité de l'aile, dans le guidon ; elles n'ont guère que 30 millimètres de longueur, sont pointues, résistantes, et conviennent bien pour la retouche.

Pour les employer, on fend simplement le bout mince d'un porte-plumes, d'un pinceau ou de tout autre morceau de bois, et on ligature au moyen d'un fil et de cire à cacheter.

GUIGNETTE VULGAIRE — *ACTITIS HYPOLEUCOS*
Boie ex Linn.
Vulg. Graveline.

M. Simonnet, de Gray, qui pratique beaucoup la chasse en Saône, me communique, sur les mœurs et habitudes de la Graveline, des renseignements qu'il est peut-être intéressant de rapporter ici.

Dans notre département, la chasse à la Graveline (comme celle des Halbrans et d'autres Échassiers) est autorisée à partir du 1er juillet, à la condition expresse pour le tireur de se tenir en barque.

Ce genre de sport est très récréatif; il devient surtout attrayant lorsque les Gravelines sont abondantes; quelquefois, elles se montrent assez nombreuses pour permettre au chasseur de faire des coups doubles heureux et même de peloter deux ou trois oiseaux du même coup. Pour arriver à ce résultat, il faut surprendre à bon vent une bande dans un remous, une gravière, une anse, où, d'ordinaire, le gibier aime à stationner.

Tirée, la Graveline fuit à la gravière suivante; le tireur au courant de ses ruses exécute le même jeu soit en montant, soit en descendant la rivière. Trop pressée, trop harcelée, celle-ci prend alors un grand parti, et s'envole par-dessus les bords pour aller chercher fortune ailleurs.

Blessée, la Graveline nage ou plutôt suit le fil de l'eau et plonge devant le chien ou la barque pour ressortir à 1 ou 2 mètres plus loin. Si elle réussit à gagner une rive bien couverte, elle se blottit dans la touffe d'herbes ou de joncs la plus épaisse; il faut alors un bon chien pour l'en faire sortir.

Rien n'est plus gracieux, plus coquet qu'une Graveline nageant à la dévrive.

PORZANE DE BAILLON — *PORZANA BAILLONII*
Vulg. Râle ou Poule-d'Eau Baillon.

J'ai envoyé cette année au montage, à M. Constantin, un de ces petits Râles toujours bien peu répandus chez nous; il avait été tué sur l'étang de Vy-le-Ferroux, le 25 mars.

GRUE CENDRÉE — *GRUS CINEREA*
Bechst.

Deux bandes de Grues ont passé au-dessus du village de Pontcey, les 5 avril et 10 août 1889.

Le 22 mars 1890, l'amodiataire de la pêche de l'étang de Vy-le-Ferroux a ramassé, en relevant ses filets, une belle Grue, qui a été exposée le lendemain chez M. Bidaux, et qui appartient aujourd'hui à M. Gebs, un de nos honorables commerçants.

HÉRON CENDRÉ — *ARDEA CINEREA*
LINN.

A signaler un très vieux mâle de Héron cendré, superbe en couleur, capturé sur la Lanterne, le 5 mars 1889, par M. Bigey, entre Conflans et Bassigney. — Collection Petitclerc.

CIGOGNE BLANCHE — *CICONIA ALBA*
WILLUGH.

Les coups doubles de Cigognes sont des raretés. Je dois à la générosité de M. R. Bidaux un couple de ces oiseaux qui, paraît-il, aurait été surpris, dans la soirée du 14 avril 1889, aux alentours de Breurey-les-Faverney. Comme on le sait, la chasse au gibier d'eau et à la Bécasse avait été prolongée jusqu'au 15 avril.

La femelle est d'une dimension peu commune ; avant d'être montée, elle mesurait 1 mètre 32 de l'extrémité du bec à celle des pattes. La taille des sujets ordinaires est de 1 mètre 15 à 1 mètre 20.

PALMIPÈDES

CORMORAN ORDINAIRE — *PHALACROCORAX CARBO*
LEACH. ex LINN.

A la suite d'une forte bourrasque, et à la fin de mars 1889, une femme ramasse, aux promenades de Gray, un Cormoran vieux ; il est actuellement entre les mains de M. Mandle, huissier en cette ville.

A Buccy-les-Traves, sur la Saône, feu M. Bertrand, négociant à Vesoul, avait tiré un de ces pseudo-Canards, en septembre 1890, sans le toucher.

LABBE POMARIN — *STERCORARIUS POMARINUS*
VIEILL. ex TEMM.

D'après les indications de M. Brocard, un Labbe Pomarin aurait été tué dans les environs de Saint-Remy, au printemps de l'année 1889. Cette sorte de Goëland nous visite bien rarement.

CYGNE SAUVAGE — *CYGNUS FERUS*
RAY.

J'ai omis de mentionner dans mes notes que M. Haussetête, de Port-sur-Saône, avait capturé, il y a deux ans, un jeune Cygne sur la Saône.

SOUCHET COMMUN — *SPATULA CLYPEATA*
BOIE ex LINN.

Sujet mâle trouvé sur le marché le 3 avril 1890 ; autre tué à l'Abbaye-de-la-Charité quelques jours plus tard, au milieu d'une bande de Canards ordinaires. — Collection H. Boisselet.

FULIGULE MORILLON — *FULIGULA CRISTATA*
STEPH. ex LINN.

Femelle tuée par M. Marlet, armurier, le 1er avril 1889, entre le hameau de Montoille et le pont du même nom.

GRÈBE OREILLARD — *PODICEPS AURITUS*
Lath. ex Linn.

Un de nos agents d'assurances, qui a chassé pendant de longues années, m'a dit avoir aperçu chez M. Beaudoin, filateur à Luxeuil, un de ces Grèbes qui venait d'être capturé sur le Breuchin, en avril 1889.

GRÈBE HUPPÉ — *MERGUS SERRATOR*
Linn.

En mars 1889, M. Thevenot, notaire à Purgerot, a surpris un de ces beaux oiseaux sur la Saône ; c'était un jeune ; il commençait seulement à offrir une indication de huppe occipitale et de fraise.

PLONGEON IMBRIM — *COLMYBUS GLACIALIS*
Linn.
Vulg. Grand-Plongeon.

J'arrive à la capture la plus intéressante et la plus rarissime de l'année 1889.

MM. Blass, de Ray-sur-Saône, sont venus me rapporter, le 4 décembre, que deux chasseurs de leur connaissance, MM. Barberet et Jules Grosmaire, de Charentenay, avaient abattu en Saône, le 26 novembre précédent, deux Plongeons de grande taille pesant chacun 2 kilog. 750.

L'un de ces gros palmipèdes avait essuyé dix-sept coups de feu, l'autre une vingtaine, avant de pouvoir être pris et retirés de la rivière.

Malgré toute la diligence que mes deux amis ont pu déployer en la circonstance pour sauver de la destruction ces deux magnifiques pièces qui deviennent chaque jour plus rares, même dans l'extrême nord de l'Europe, ils ne sont parvenus à en recueillir qu'une faible épave, c'est-à-dire une seule patte ; encore était-elle lacérée en maints endroits par les plombs. Expédiée par mes soins à Thieffrans, cette patte a été immédiatement reconnue par M. Constantin pour être celle d'un Imbrim.

Il y a une dizaine d'années, mon précieux correspondant de Thieffrans avait monté pour M. Degoumois une tête d'Imbrim ; cet oiseau s'était laissé aborder près des ilots de Chalezeule, banlieue de Besançon.

P. PETITCLERC.

1er juin 1890.